Autor _ Blake
Título _ O casamento do
Céu e do Inferno

Copyright	Hedra 2008
Tradução©	Ivo Barroso
Título original	*The Marriage of Heaven and Hell*
Agradecimento	a Leonardo Silva Prado ✠
Edições	2008 2010
Corpo editorial	Adriano Scatolin, Alexandre B. de Souza, Bruno Costa, Caio Gagliardi, Fábio Mantegari, Iuri Pereira, Jorge Sallum, Oliver Tolle, Ricardo Musse, Ricardo Valle
Dados	

Dados Internacionais de Catalogação na Publicação (CIP)

B568 Blake, William (1757–1827).
   O casamento do Céu e do Inferno. / William Blake. Ivo Barroso (trad. e intr.) – 2ª edição, São Paulo: 2010. 96 p.

   ISBN 978-85-7715-105-9

   1. Poesia. 2. Romantismo. 3. Romantismo inglês. I. Ivo, Barroso. II. Título.

CDU 000
CDD 821

Elaborado por Wanda Lucia Schmidt CRB-8-1922

Direitos reservados em língua portuguesa somente para o Brasil

EDITORA HEDRA LTDA.

Endereço	R. Fradique Coutinho, 1139 (subsolo) 05416-011 São Paulo SP Brasil
Telefone/Fax	+55 11 3097 8304
E-mail	editora@hedra.com.br
Site	www.hedra.com.br

Foi feito o depósito legal.

Autor _ BLAKE
Título _ O CASAMENTO DO
CÉU E DO INFERNO
Organização e tradução _ IVO BARROSO
São Paulo _ 2011

William Blake (Londres, 1757–*id.* 1827). Poeta, pintor e gravurista inglês. Em 1772, é admitido como aprendiz no ateliê de James Basire. Sete anos depois, ingressa na escola da Royal Academy, onde permanece apenas um ano, saindo para se estabelecer como gravador profissional. Casa-se em 1782 com Catherine Boucher, sua companheira e "anjo da guarda". Publica em 1783 seu primeiro volume de versos, *Poetical Sketches*, que já prenuncia o lirismo e o caráter visionário que marcariam suas obras maduras. Em 1784, abre seu ateliê de gravura em sociedade com seu irmão Robert, que morreria três anos depois. Em 1789, publica as *Songs of Innocence* e *The Book of Thel*. No ano seguinte, começa a trabalhar em *The Marriage of Heaven and Hell*. Com a invenção daquilo que denominou *illuminated book*, Blake revolucionou a técnica de impressão, gravando texto e ilustração na mesma chapa, sem recorrer a tipos móveis, e colorindo a página posteriormente, à mão. Apesar da ajuda de amigos e de alguns mecenas, a obra de Blake, excêntrica e hermética para os padrões de sua época, permaneceu praticamente desconhecida, vindo a ser redescoberta apenas no século XX, graças a Yeats, e a Gide, que verteu para o francês *O casamento do Céu e do Inferno*. Sua mitologia pessoal, carregada de um intrincado simbolismo, expressa de forma marcante sua recusa da moral cristã, assim como de todo dogmatismo religioso. Falece em 1827, enquanto trabalhava nas ilustrações para a obra de Dante.

O casamento do Céu e do Inferno foi composto por volta de 1790, em chapas coloridas com desenhos e vinhetas circundando o texto. Feitas em série para serem vendidas, delas se conhecem hoje apenas nove cópias. O tema principal é a reação de Blake aos escritos de Emmanuel Swedenborg (1688–1772), que acreditava na "Divina Humanidade" e que a Bíblia tinha sido ditada para inspirar os homens. Blake, que o admirava a princípio, passou mais tarde a considerar sua teologia e moralidade intrinsecamente convencionais e sua imaginação limitada. Como temas correlatos, o livro ataca a ortodoxia religiosa, política, social e literária, propalando enfaticamente seus princípios pessoais. É a primeira obra inglesa em versos livres, uma história condensada da origem e crescimento da ortodoxia no mundo e uma promessa de revolta iminente.

Ivo Barroso é poeta, tradutor e ensaísta com cerca de 40 livros publicados. Organizou para a Nova Aguilar *Charles Baudelaire: poesia e prosa* (1995) e *O corvo e suas traduções* (2000). Traduziu a obra completa de Arthur Rimbaud para a Topbooks e o teatro completo de T.S. Eliot para a Arx/Siciliano. Como poeta, publicou, em Portugal, *Nau dos náufragos* (Minerva, 1981), *Visitações de Alcipe* (Fundação das Casas de Fronteira e Alorna, 1992) e, no Brasil, *A caça virtual e outros poemas* (Record), finalista do prêmio Jabuti de 2001. De August Strindberg, traduziu *Inferno* (Nova Fronteira, 1989).

SUMÁRIO

Introdução, por Ivo Barroso 9

O CASAMENTO DO CÉU E DO INFERNO   17
Notas 68

APÊNDICE   73
Blake e Machado: uma curiosa coincidência 75

DOIS POEMAS   81
O tigre 83
A estrela Vésper 85

CRONOLOGIA   87

INTRODUÇÃO

BLAKE E AS VOZES DOS ANJOS

Para quem nunca ouviu falar de William Blake — eis um livro pedagogicamente útil: contém um prefácio, escrito em linguagem acessível, sem os mata-burros da erudição nem os quebra-molas das citações frequentes, que permitirá ao leitor situar-se com facilidade no cenário histórico-geográfico-sociológico do poeta inglês, saber algo de sua vida e conhecer o significado e a importância de sua obra.

O leitor iniciante poderá perguntar que importância teria Blake para o mundo moderno e, mais ainda, para o Brasil de hoje, tão curiosamente à parte do estágio cultural de outras regiões. Blake é um precursor, um vidente do mundo moderno, um revolucionário, um defensor do individualismo, da liberdade sexual, de um papel mais relevante para a mulher — e sua poesia influenciou poetas de grande importância para o avanço das concepções e técnicas poéticas, como Walt Whitman e Dylan Thomas, para ficarmos só aí. A leitura de sua obra poderá mostrar ao leitor brasileiro como é possível fazer poesia social, religiosa ou filosófica sem o comprometimento, a falsidade ou o ranço de muitos poetas nossos e alheios que tentaram esses caminhos. Porque Blake fazia versos para os simples, com os elementos da natureza, ainda que ouvisse, acima das nuvens, as vozes dos anjos.

Cultivando um cristianismo todo pessoal, ou quase, pela inversão temática de seus valores e símbolos ou pela

INTRODUÇÃO

fusão de seus contrários, Blake via na repressão dos desejos uma fonte de coerção do progresso individual e social, e na imaginação a presença de Deus (ou o próprio Deus) no homem. E, ao escrever sobre o que seria *a outra face do cordeiro* — o tigre —, Blake atinge uma das culminâncias da poética universal, pela densidade, a sinergia, a cinemática, a musicalidade, o ritmo gestáltico do verso. Daí sua importância tanto para os principiantes quanto para os entendidos. E para quem conhece Blake, em inglês, o texto é provocativo e enseja a oportunidade de verificar como o tradutor se saiu de algumas das facilidades difíceis de um estilo que buscava ao mesmo tempo a simplicidade e a força oracular da mensagem bíblica.

William Blake nasceu em Londres a 28 de novembro de 1757, segundo filho de uma família pequeno-burguesa, que explorava o comércio de malharia. O pequeno William jamais foi à escola, mas isto não lhe despertou ressentimentos, talvez mesmo o contrário; em suas *Canções da experiência* ele descreve um estudante, a quem considera vítima, e cujos pais o obrigam a ir à escola, pois o próprio Blake dirá mais tarde "a instrução não serve para nada. Considero-a um mal — o maior dos pecados". Blake acreditava no autodidatismo, nos pendores naturais do ser humano. Desde criança interessa-se pelo desenho, copiando gravuras, exercitando-se no traçado de homens e animais. Aos 14 anos torna-se aprendiz do gravurista Basire, para satisfação do pai que vê nesse ofício uma ocupação mais sólida, menos "aleatória" que a de pintor. Aos 21 anos, Blake deixa o ateliê de Basire para se estabelecer por conta própria, embora continue a morar na casa dos pais. Ganha a vida fazendo gravuras para revistas como a *Novelist's Magazine* e *Ladies' Magazine*. Por algum tempo, frequenta a Royal Academy, que

havia sido então criada, mas logo se rebela contra seus métodos de ensino que privilegiavam a cópia de modelos e que Blake dizia "enfraquecerem, matarem e destruírem a Imaginação". Seu interesse se volta para a Idade Média gótica e o cristianismo, estando a *Vida de Santa Tereza* entre seus livros prediletos. Mas se entusiasma igualmente pela arte grega, influenciado por seu amigo John Flaxman, que preconizava um retorno aos modelos clássicos da Antiguidade.

Em 1782, Blake casa-se com Catherine, filha iletrada de um feirante de flores, indo constituir seu próprio lar, já que o pai considerava esse casamento desastroso. Em 1784, com a morte deste, vem residir numa casa vizinha, tendo seu irmão mais velho ficado com a morada paterna. Blake associa-se com seu velho amigo James Parker na produção de gravuras e toma como aluno seu irmão mais novo, Robert, que falece três anos depois. A morte do irmão vai marcá-lo profundamente, dando origem às "aparições" que Blake alegava ver.

Foi em 1783 que Blake produziu sua primeira coletânea de versos, os *Poetical Sketches*, graças à ajuda da senhora Mathew, esposa de um pastor protestante e amiga do sempre fiel John Flaxman; mas esse apoio financeiro foi logo retirado, pelo espanto que as ideias originais do autor provocavam em sua protetora. Blake teve de se tornar seu próprio editor, gravando o texto e as ilustrações de seus poemas. O poeta atribuirá a um sonho em que lhe aparece o irmão Robert a invenção dessa nova técnica editorial, por ele denominada *illuminated printing* [chapas coloridas]. Foi assim, em 1790–93, com gravuras realçadas por tintas de sua fabricação, que ele compôs os poucos volumes de *The Marriage of Heaven and Hell*.

INTRODUÇÃO

Com esse livro, Blake pretendeu escrever uma nova Bíblia, ou antes, uma antiBíblia, pois chega a evocar algures uma "Bíblia do Inferno". Profundo conhecedor e estudioso dos livros sagrados e da Cabala (aprendeu o hebraico para lê-la no original), Blake contesta a Ordem de ambas as religiões, judaica e cristã, opondo-lhes, como poeta, uma transgressão inusitada. A princípio grande apreciador da doutrina de Swedenborg, o místico e teósofo sueco, passa em seguida a criticar seus ensinamentos, criando um Messias negativo e transgressor da lei; numa antecipação da doutrina psicanalítica de Freud, advoga que os desejos reprimidos "procriam a pestilência"; defende veementemente a liberdade do Homem, tanto no campo das ideias quanto em sua condição de ser humano; entusiasta das Revoluções Francesa e Norte-Americana, prevê um futuro em que a ordem social se encaminharia para a igualdade das classes sociais e dos sexos, defendendo também a liberdade e a participação da mulher na vida social. "Trata-se de um delírio?", pergunta Alain Suied, seu tradutor francês, "Blake, como poeta, sabe que sob essa palavra delirante, mitológica, se desenrola uma rigorosa busca da Verdade".[1]

A HISTÓRIA DESTA TRADUÇÃO

Tiro do fundo da gaveta um esmaecido 16x11 "De Luxe" nº 15 — pautado, adquirido na antiga Casa Cruz do Rio de Janeiro em 1949, cuja primeira página me faz sorrir ante a pretensiosa inscrição: *Cahier de Voyage*. Explico: meu pai achava que meu curso de Neo-latinas (na então chamada Faculdade de Filosofia) era incompatível com as esperanças que a cidade nutria em relação à sua

[1] William Blake, *Le Mariage du Ciel et de l'Enfer*, tradução de Alain Suied, Orbey: Arfuyen, 2004.

descendência; donde ele, farmacêutico, querer um filho médico, advogado ou militar. Os militares estavam em alta (inclusive em termos salariais) e, para atender aos desígnios paternos, me inscrevi naquele ano nos vestibulares das Escolas Militar, Naval e da Aeronáutica. Uma oportuna (?) miopia salvou-me dos quartéis, dos conveses ou das pistas de pouso – reprovando-me no exame médico das três. Até o novo ano letivo, lá estavam as sonhadas, as benditas férias no interior de Minas, onde meu pai continuava a manter sua farmácia apostolar, vocacional, beneficente. Parti, levando o caderninho.

Nele encontro, com data de Rio, 8 [1949]: *Em grandes preparativos para embarcar. Vence o prazo do livro de Blake e tenho de copiar aqui seus provérbios para terminar a tradução em Minas.* Seguem-se, numa letrinha caprichosa, que fui perdendo ao longo do tempo, os setenta "Provérbios do Inferno", parte capital de *The Marriage of Heaven and Hell*, de William Blake. Como cheguei a esse livro? Por essa época, havia descoberto Gide (*Trozos escogidos*, em espanhol) e comecei a ler tudo dele numa edição de luxo, feita na Suíça, e existente na Biblioteca Nacional. Lá pelas tantas, Gide fala em Blake como sendo a quarta estrela de uma constelação composta por Nietzsche, Dostoiévski e Browning, e cuja leitura o levou a traduzir o livro com o título de *Le Mariage du Ciel et de l'Enfer*, em 1922.

Oui, Nietzsche, Dostoïevsky, Browning et Blake sont bien quatre étoiles de la même constellation. J'ai longtemps ignoré Blake, mais lorsque enfin, tout récemment, j'ai fait sa découverte, il m'a semblé reconnaître aussitôt en lui la quatrième roue du "Chariot", et, de même qu'un astronome peut longtemps, avant de le voir, sentir l'influence d'un astre et determiner sa position, je puis dire que, depuis longtemps, je pressentais Blake. Est-ce à dire que son influence ait été considérable? Non, tout au contraire, je ne sache pas qu'il en

ait exercé aucune. En Anglaterre même, Blake est demeuré, jusqu'à ces temps derniers, à peu près inconnu. C'est une étoile très pure et très lointaine, dont les rayons commencent seulement à nous atteindre. Son oeuvre, la plus significative, "Le Mariage du Ciel et de l'Enfer", dont je vous citerai quelques passages, nous permettra, il me semble, de comprendre mieux certains traits de Dostoïevsky.[2]

Fui atrás do original, que encontrei na Biblioteca do IPASE (excelente à época, tinha todos os livros da Modern Library) e levei de empréstimo para casa, reformando o pedido várias vezes, pois meti-me na cabeça que o devia traduzir. Comecei a tentar com um ou outro dos provérbios, sem avançar muito, mas, como ia de férias, o recurso foi copiá-los para acabar a tradução em Minas.

Eis minha primeira tentativa de traduzir um livro completo; já havia conseguido traduzir sonetos e até pequenos poemas, do espanhol e do francês, mas nunca um livro inteiro, tarefa que me parecia impossível. E foi, no caso de Blake, pois ficou apenas no caderno de viagem. *O casamento* arrastou-se por muito tempo no namoro. Em fases sucessivas, fui tocando os provérbios até traduzi-los todos. Mas não conseguia vencer a barreira das "visões memoráveis" e o projeto adormeceu na comodidade dos rascunhos. Em 1956, apareceu a tradução de Oswaldino

---

[2] "Sim, Nietzsche, Dostoiévski, Browning e Blake são bem as quatro estrelas da mesma constelação. Por muito tempo ignorei Blake, mas quando, por fim, muito recentemente, vim a descobri-lo, pareceu-me reconhecer de imediato nele a quarta roda da "Carruagem"; e, assim como um astrônomo pode, por longo tempo, antes de vê-lo, sentir a influência de um astro e determinar sua posição, posso dizer que, desde muito, eu pressentia Blake. É de se dizer que sua influência tenha sido considerável? Não, pelo contrário, ao que saiba, ele não exerceu nenhuma. Em sua própria Inglaterra, Blake permaneceu, até estes últimos tempos, um tanto ou quanto desconhecido. Uma estrela muito pura e muito distante, cujos raios só agora começam a nos alcançar. Sua obra, da qual vos citarei algumas passagens, nos permitirá, ao que me parece, compreender melhor certos aspectos de Dostoiévski." André Gide, *Dostoïevsky*, Paris: Librarie Plon, 1923, p. 189.

Marques,[3] e achei que Blake tinha caído no "domínio do público" e não valia mais a pena ser tratado como "a quarta estrela" da constelação de Gide. Ao longo do tempo foram aparecendo "As núpcias", "O matrimônio", "O enlace", "A aliança", "A união" e até — em Portugal, é claro — "O conúbio do Céu e do Inferno", o que me dava a impressão de que a prosa direta e visionária de Blake estava passando por processos de retocagem gongórica, sofrendo um empolamento bombástico capaz de fazê-la perder seu impacto subversivo e contestador. *Good-bye*, Blake!

Se é verdade que já nos anos 50 a obra mais conhecida de Blake, *The Marriage of Heaven and Hell*, convolava "núpcias" entre nós e, algo mais tarde, se unia pelos santos laços do "matrimônio" numa outra tradução, foi necessário esperar até agora para que o leitor brasileiro assistisse finalmente a este casamento, ou seja, para que pudesse ler o autor inglês numa linguagem mais próxima do estilo direto e *matter-of-fact* que usava até mesmo em suas profecias mais abstrusas.

Por força do acaso, recebi em 2007, o convite para traduzir este livro. Sim, seria, desta vez, *O casamento* sem rebuços, sem berloques, sem firulas. Blake restituído à sua prosa agressiva, contestatória, modernamente poética. Teríamos o fechar de um ciclo: o primeiro livro que sonhei traduzir seria o último a ser traduzido por mim. E assim foi.

---

[3] William Blake, *As Núpcias do Céu e do Inferno*. Tradução e notas de Oswaldino Marques. Edição bilíngue. Rio de Janeiro: Editora Civilização Brasileira, 1956.

ANEXOS

O leitor encontrará no fim deste volume um pequeno ensaio sobre a curiosa semelhança literária de um poema do nosso Machado de Assis, que sem jamais ter conhecido a obra de Blake, trata do mesmo tema de uns versos do poeta inglês. E, como ilustração poética, esse poema, seguido de dois outros, que exemplificam a sensibilidade de William Blake como versejador: "O tigre" e "A estrela Vésper", poemas célebres da literatura mundial, que figuram em praticamente todas as antologias da poesia inglesa.

BIBLIOGRAFIA

BLAKE, William. *Le Mariage du Ciel et de l'Enfer*, traduction de Alain Suied, Orbey: Arfuyen, 2004.

_____. *The Complete Illuminated Books*, introduction by David Bindman. New York: Thames & Hudson, 2000.

_____. *The Complete Poems*, edited by Alicia Ostriker. London: Penguin Books, 2004.

_____. *The Complete Poetry and Prose of William Blake*, edited by David V. Erdman, commentary by Harold Bloom. New York: Anchor Books, 1988.

GIDE, André. *Dostoïevsky*. Paris: Librarie Plon, 1923.

GILCHRIST, Alexander. *The Life of William Blake*, New York: Dover Publications, 1998.

O CASAMENTO DO CÉU
E DO INFERNO

[Plate 2]

THE ARGUMENT

Rintrah roars & shakes his fires in the burdend air;
Hungry clouds swag on the deep

Once meek, and in a perilous path,
The just man kept his course along
The vale of death.
Roses are planted where thorns grow.
And on the barren heath
Sing the honey bees.

Then the perilous path was planted:
And a river, and a spring
On every cliff and tomb;
And on the bleached bones
Red clay brought forth.

Till the villain left the paths of ease,
To walk in perilous paths, and drive
The just man into barren climes.

Now the sneaking serpent walks
In mild humility.
And the just man rages in the wilds
Where lions roam.

Rintrah roars & shakes his fires in the burdend air;
Hungry clouds swag on the deep.

[Chapa 2]

O ARGUMENTO

Ruge Rintrah[1] e agita seus fogos no ar espesso;
Nuvens famintas se debruçam sobre o abismo

Outrora, humilde, e em perigosa senda,
O homem justo seguia seu caminho
Pelo vale da morte.
Plantaram rosas onde havia espinhos
E no agreste bravio
As abelhas melodiam.[2]

Depois a perigosa senda foi semeada
E um rio, e uma fonte,[3]
Fluíram de cada escarpa e em cada túmulo;
E dos ossos alvacentos
Uma argila vermelha despontou.

Até que o vilão deixou os atalhos do conforto
Para trilhar as perigosas sendas, e conduzir
O justo a regiões estéreis.

Agora a serpente sorrateira segue
Em cínica humildade,
E o justo brama nos desertos
Onde os leões vagueiam.[4]

Ruge Rintrah e agita seus fogos no ar espesso;
Nuvens famintas se debruçam sobre o abismo.

[Plate 3]

As a new heaven is begun, and it is now thirty-three years since its advent: the Eternal Hell revives. And lo! Swedenborg is the Angel sitting at the tomb; his writings are the linen clothes folded up. Now is the dominion of Edom, & the return of Adam into Paradise; see Isaiah xxxiv & xxxv Chap:

Without Contraries is no progression. Attraction and Repulsion, Reason and Energy, Love and Hate, are necessary to Human existence.

From these contraries spring what the religious call Good & Evil. Good is the passive that obeys Reason. Evil is the active springing from Energy.

Good is Heaven. Evil is Hell.

[Chapa 3]

Assim como teve início um novo céu, e trinta e três anos de seu advento se passaram: o Inferno Eterno revive. E vede! Swedenborg[5] é o Anjo sentado sobre o túmulo; seus escritos o linho dobrado das mortalhas.[6] Eis chegado o domínio de Edom[7] e o retorno de Adão ao Paraíso; v. Isaías, caps. XXXIV e XXXV.

Sem contrários não há progresso.[8] Atração e Repulsão, Razão e Energia, Amor e Ódio são necessários à existência Humana.

Desses contrários decorre o que os religiosos chamam de o Bem e o Mal. Bem o passivo que obedece à Razão. Mal o ativo que emana da Energia.

O Bem é o Céu. O Mal, o Inferno.

[Plate 4]

THE VOICE OF THE DEVIL

All Bibles or sacred codes have been the causes of the following Errors.

1. That Man has two real existing principles Viz: a Body & a Soul.
2. That Energy, calld Evil, is alone from the Body, & that Reason, calld Good, is alone from the Soul.
3. That God will torment Man in Eternity for following his Energies.

But the following Contraries to these are True

1. Man has no Body distinct from his Soul for that calld Body is a portion of Soul discernd by the five Senses, the chief inlets of Soul in this age.
2. Energy is the only life and is from the Body and Reason is the bound or outward circumference of Energy.
3. Energy is Eternal Delight.

[Chapa 4]

A VOZ DO DEMÔNIO

Todas as Bíblias ou códigos sagrados têm sido as causas dos seguintes Erros:

1. Que o Homem possui dois princípios reais de existência, i. é: um Corpo e uma Alma.

2. Que a Energia, chamada o Mal, provém apenas do Corpo, e que a Razão, chamada o Bem, apenas da Alma.

3. Que Deus atormentará o Homem na Eternidade por ter seguido suas Energias.

Mas os seguintes contrários a estes são Verdadeiros

1. O Homem não tem um Corpo distinto de sua Alma, pois o que se chama Corpo é uma porção da Alma discernida pelos cinco Sentidos, as principais entradas da Alma em nosso tempo.

2. A Energia é a única vida e emana do Corpo, e a Razão é o limite ou círculo exterior da Energia.

3. A Energia é o Eterno Deleite.

[Plate 5]

Those who restrain desire, do so because theirs is weak enough to be restrained; and the restrainer or reason usurps its place & governs the unwilling.

And being restraind it by degrees becomes passive till it is only the shadow of desire.

The history of this is written in Paradise Lost, & the Governor or Reason is call'd Messiah.

And the original Archangel or possessor of the command of the heavenly host, is calld the Devil or Satan and his children are call'd Sin & Death.

But in the Book of Job Miltons Messiah is call'd Satan.

For this history has been adopted by both parties.

It indeed appear'd to Reason as if Desire was cast out, but the Devil's account is, that the Messiah fell, & formed a heaven of what he stole from the Abyss.

This is shewn in the Gospel, where he prays to the Father to send the comforter or Desire that Reason may have Ideas to build on, the Jehovah of the Bible being no other than he, who dwells in flaming fire.

Know that after Christs death, he became Jehovah.

But in Milton; the Father is Destiny, the Son, a Ratio of the five senses, & the Holy-ghost, Vacuum!

Note. The reason Milton wrote in fetters when he wrote of Angels & God, and at liberty when of Devils & Hell, is because he was a true Poet and of the Devils party without knowing it.

[Chapa 5]

Os que reprimem o desejo[9] assim o fazem porque o deles é suficientemente fraco para ser reprimido; e o repressor ou razão usurpa seu lugar e governa o relutante.

E ao ser reprimido, torna-se gradativamente passivo até não ser mais que a sombra do desejo.

A história disto está escrita no Paraíso Perdido. E o Governante ou Razão[10] chama-se Messias.

E o Arcanjo original ou detentor do comando das hostes celestiais chama-se Demônio ou Satanás, e seus filhos, Pecado e Morte.

Mas no Livro de Jó,[11] o Messias de Milton se chama Satanás.

Pois esta história tem sido adotada por ambas as partes.

De fato pareceu à Razão que o Desejo tinha sido expulso, mas na versão do Demônio foi o Messias quem decaiu, e formou um céu com o que roubou do Abismo.

Isto é mostrado no Evangelho, em que ele roga ao Pai que envie o confortador[12] ou Desejo para que a Razão possa ter ideias com que se recompor, não sendo o Jeová da Bíblia outro senão o que habita as chamas ardentes.

Sabei que depois da morte de Cristo, ele se tornou Jeová.

Mas em Milton, o Pai é o Destino; o Filho, uma Razão dos cinco sentidos, e o Espírito Santo, o Vácuo!

Nota: A razão pela qual Milton estava agrilhoado quando escreveu sobre os Anjos e Deus, e em liberdade[13] quando sobre os Demônios e o Inferno, é que era um verdadeiro Poeta e do partido do Demônio sem saber.

A MEMORABLE FANCY.

As I was walking among the fires of hell, delighted with the enjoyments of Genius; which to Angels look like torment and insanity. I collected some of their Proverbs: thinking that as the sayings used in a nation, mark its character, so the Proverbs of Hell, shew the nature of Infernal wisdom better than any description of buildings or garments.

When I came home; on the abyss of the five senses, where a flat sided steep frowns over the present world. I saw a mighty Devil folded in black clouds, hovering on the sides of the rock, with corroding fires he wrote the following sentence now percieved by the minds of men, & read by them on earth.

How do you know but ev'ry Bird that cuts the airy way,
Is an immense world of delight, clos'd by your senses five?

UMA VISÃO MEMORÁVEL

Enquanto caminhava entre os fogos do inferno, deleitando-me com as fruições do Gênio, o que para os Anjos parece tormento e insanidade, colecionei alguns de seus Provérbios: admitindo que, assim como os ditados de um povo denotam seu caráter, da mesma forma os Provérbios do Inferno mostram a natureza da sabedoria infernal, melhor do que qualquer descrição de suas construções ou de seus trajes.

Quando voltei a casa: ao abismo dos cinco sentidos, na escarpa de paredes lisas que se inclina sobre o mundo presente, vi um poderoso Demônio envolto em nuvens negras, pairando de ambos os lados do rochedo; com fogos corrosivos[14] escreveu a seguinte sentença, agora entendida pela mente dos homens, e lida por eles na terra:

Como sabeis que cada Pássaro que cruza as vias do ar
Não é um imenso mundo de deleite, fechado aos
   vossos cinco sentidos?

PROVERBS OF HELL

In seed time learn, in harvest teach, in winter enjoy.
Drive your cart and your plow over the bones of the dead.
The road of excess leads to the palace of wisdom.
Prudence is a rich ugly old maid courted by Incapacity.
He who desires but acts not, breeds pestilence.
The cut worm forgives the plow.
Dip him in the river who loves water.
A fool sees not the same tree that a wise man sees.
He whose face gives no light, shall never become a star.
Eternity is in love with the productions of time.
The busy bee has no time for sorrow.
The hours of folly are measur'd by the clock, but of wisdom: no clock can measure.
All wholsom food is caught without a net or a trap.
Bring out number weight & measure in a year of dearth.
No bird soars too high, if he soars with his own wings.
A dead body revenges not injuries.
The most sublime act is to set another before you.
If the fool would persist in his folly he would become wise.
Folly is the cloke of knavery.
Shame is Prides cloke.

PROVÉRBIOS DO INFERNO[15]

Na semeadura aprende, na colheita ensina, no inverno desfruta.
Conduz tua carroça e o arado sobre os ossos dos mortos.
O caminho do excesso leva ao palácio da sabedoria.
A prudência é uma solteirona rica e feia cortejada pela Incapacidade.
Quem deseja e não age procria a pestilência.
O verme perdoa o arado que o cortou.
Sepultem no rio aquele que ama as águas.
Um tolo não vê a mesma árvore que um sábio vê.
O homem cuja face não brilha jamais se tornará um astro.
A Eternidade está de amores com as produções do tempo.
A abelha diligente não tem tempo para lástimas.
As horas da insensatez são medidas pelo relógio, mas as da sabedoria relógio algum pode marcar.
Todo alimento sadio se consegue sem armadilha ou rede.
Provê número peso & medida num ano de escassez.
Pássaro algum voa alto demais se o faz com as próprias asas.
Um cadáver não revida injúrias.
O ato mais sublime consiste em pôr alguém antes de si.
Se o tolo persistir na tolice acabará sensato.
A Loucura é o manto da velhacaria.
A Vergonha é o manto do Orgulho.

[Plate 8]

Prisons are built with stones of Law, Brothels with bricks of Religion.

The pride of the peacock is the glory of God.

The lust of the goat is the bounty of God.

The wrath of the lion is the wisdom of God.

The nakedness of woman is the work of God.

Excess of sorrow laughs. Excess of joy weeps.

The roaring of lions, the howling of wolves, the raging of the stormy sea, and the destructive sword, are portions of eternity too great for the eye of man.

The fox condemns the trap, not himself.

Joys impregnate. Sorrows bring forth.

Let man wear the fell of the lion, woman the fleece of the sheep.

The bird a nest, the spider a web, man friendship.

The selfish smiling fool, & the sullen frowning fool shall be both thought wise, that they may be a rod.

What is now proved was once only imagin'd.

The rat, the mouse, the fox, the rabbet; watch the roots; the lion, the tyger, the horse, the elephant, watch the fruits.

The cistern contains: the fountain overflows.

One thought fills immensity.

Always be ready to speak your mind, and a base man will avoid you.

[Chapa 8]

As prisões são erguidas com as pedras da Lei e os Bordéis com os tijolos da Religião.
O orgulho do pavão é a glória de Deus.
A luxúria do bode é a generosidade de Deus.
A fúria do leão é a sabedoria de Deus.
A nudez da mulher é a obra de Deus.
O excesso de tristeza, ri; o excesso de alegria, chora.
O rugir dos leões, o uivar dos lobos, o estrondo do mar tempestuoso, e o gládio destruidor são porções de eternidade grandes demais para o olhar humano.
A raposa condena a armadilha, e não a si mesma.
Alegrias fecundam, tristezas procriam.
Que o homem use a pele do leão e a mulher o tosão das ovelhas.
Ao pássaro o ninho, à aranha a teia, ao homem a amizade.
O tolo egoísta e sorridente e o tolo carrancudo e triste serão ambos considerados sábios se servirem de exemplo.
O que hoje está provado não passava ontem de imaginação.
O rato, o camundongo, a raposa e o coelho espreitam as raízes; o leão, o tigre, o cavalo e o elefante espreitam os frutos.
A cisterna contém: a fonte transborda.
Um pensamento enche a imensidade.
Fala sempre o que pensas e os vis te evitarão.

Every thing possible to be believ'd is an image of truth.
The eagle never lost so much time, as when he submitted to learn of the crow.

[Plate 9]

The fox provides for himself, but God provides for the lion.
Think in the morning. Act in the noon. Eat in the evening. Sleep in the night.
He who has suffer'd you to impose on him knows you.
As the plow follows words, so God rewards prayers.
The tygers of wrath are wiser than the horses of instruction.
Expect poison from the standing water.
You never know what is enough unless you know what is more than enough.
Listen to the fools reproach! it is a kingly title!
The eyes of fire, the nostrils of air, the mouth of water, the beard of earth.
The weak in courage is strong in cunning.
The apple tree never asks the beech how he shall grow; nor the lion, the horse, how he shall take his prey.
The thankful reciever bears a plentiful harvest.
If others had not been foolish, we should be so.
The soul of sweet delight can never be defil'd.

Tudo o que é crível é uma imagem da verdade.
A águia nunca perdeu tanto tempo como quando se submeteu a aprender com o corvo.

[Chapa 9]

A raposa provê para si, mas Deus provê para o leão.
De manhã, pensa; de dia, age; de tarde, come; de noite, dorme.
Quem se deixou oprimir por ti, te conhece.
Assim como o arado obedece a palavras, assim Deus recompensa as preces.
Os tigres da ira são mais sábios que os cavalos da instrução.
Espera veneno das águas paradas.
Só se sabe o que é bastante depois de se saber o que é demais.
Escuta a censura dos tolos! É um privilégio de reis!
Os olhos de fogo, as narinas de ar, a boca da água, a barba da terra.
O fraco em coragem é forte em astúcia.
A macieira nunca pergunta à faia como crescer, nem o leão ao cavalo como abater sua presa.
Quem recebe agradecido produz colheita abundante.
Se outros não tivessem sido tolos, nós é que o seríamos.
A fonte de pura fruição jamais pode ser maculada.

When thou seest an Eagle, thou seest a portion of Genius, lift up thy head!

As the catterpiller chooses the fairest leaves to lay her eggs, so the priest lays his curse on the fairest joys.

To create a little flower is the labour of ages.

Damn, braces: Bless relaxes.

The best wine is the oldest, the best water the newest.

Prayers plow not! Praises reap not!

Joys laugh not! Sorrows weep not!

[Plate 10]

The head Sublime, the heart Pathos, the genitals Beauty, the hands & feet Proportion.

As the air to a bird or the sea to a fish, so is contempt to the contemptible.

The crow wish'd every thing was black, the owl, that every thing was white.

Exuberance is Beauty.

If the lion was advised by the fox, he would be cunning.

Improvement makes strait roads, but the crooked roads without Improvement, are roads of Genius.

Sooner murder an infant in its cradle than nurse unacted desires.

Where man is not, nature is barren.

Truth can never be told so as to be understood, and not be believ'd.

     Enough! or Too much

Quando vês uma Águia, vês uma porção do Gênio. Ergue tua cabeça!

Como a lagarta escolhe as folhas mais belas para lançar seus ovos, assim o padre lança sua maldição sobre as alegrias mais belas.

Criar uma pequena flor exige o trabalho de séculos.

A blasfêmia contrai; a bênção afrouxa.

O melhor vinho, o mais velho; a melhor água, a mais nova.

As preces não aram! Os louvores não colhem.

As alegrias não riem! As tristezas não choram!

[Chapa 10]

A cabeça Sublime, o coração Pathos, o sexo a Beleza, as mãos e os pés Proporção.

Assim como o ar ao pássaro e o mar ao peixe, seja o desprezo ao desprezível.

O corvo gostaria que tudo fosse preto, a coruja que tudo fosse branco.

Exuberância é Beleza.

Se o leão fosse aconselhado pela raposa, acabaria astuto.

O Progresso constrói estradas retas, mas as estradas tortuosas sem Progresso são os caminhos do Gênio.

Antes matar um infante no berço do que acalentar desejos reprimidos.

Onde o homem falta, a natureza é estéril.

A verdade não deve ser dita para ser apenas compreendida, e não acreditada.

                    Bastante! Ou demais

[Plate 11]

The ancient Poets animated all sensible objects with Gods or Geniuses, calling them by the names and adorning them with the properties of woods, rivers, mountains, lakes, cities, nations, and whatever their enlarged & numerous senses could percieve.

And particularly they studied the genius of each city & country, placing it under its mental deity.

Till a system was formed, which some took advantage of & enslav'd the vulgar by attempting to realize or abstract the mental deities from their objects: thus began Priesthood.

Choosing forms of worship from poetic tales.

And at length they pronounc'd that the Gods had order'd such things.

Thus men forgot that All deities reside in the human breast.

[Chapa 11]

Os poetas da Antiguidade atribuíam a condição de Deuses ou Gênios a todas as coisas vivas, chamando-as por nomes e adornando-as com as propriedades dos bosques, rios, montanhas, lagos, cidades, nações, e o que mais seus numerosos e amplificados sentidos podiam perceber.

E de modo especial, estudavam a índole de cada cidade e país, colocando-a sob a proteção de sua divindade mental.

Até que se formou um sistema do qual alguns se aproveitaram e escravizaram o vulgo, tentando dar forma às deidades mentais ou abstraí-las de seus objetos; assim surgiu o Sacerdócio.

Extraindo formas de cultos das lendas poéticas.

Até finalmente proclamarem que os Deuses haviam ordenado tais coisas.

E foi assim que os homens esqueceram que Todas as divindades residem no coração humano.

[Plate 12]

A MEMORABLE FANCY

The Prophets Isaiah and Ezekiel dined with me, and I asked them how they dared so roundly to assert that God spake to them; and whether they did not think at the time, that they would be misunderstood, & so be the cause of imposition.

Isaiah answer'd. I saw no God, nor heard any, in a finite organical perception; but my senses discover'd the infinite in every thing, and as I was then perswaded, & remain confirm'd, that the voice of honest indignation is the voice of God, I cared not for consequences but wrote.

Then I asked: does a firm perswasion that a thing is so, make it so?

He replied. All poets believe that it does, & in ages of imagination this firm perswasion removed mountains; but many are not capable of a firm perswasion of any thing.

Then Ezekiel said. The philosophy of the east taught the first principles of human perception: some nations held one principle for the origin & some another; we of Israel taught that the Poetic Genius (as you now call it) was the first principle and all the others merely derivative, which was the cause of our despising the Priests & Philosophers of other countries, and prophecying that all Gods would at last be proved to originate in ours & to be the tributaries of the Poetic Genius; it was this that our great poet King David desired so fervently & invokes so patheticly, saying by this he conquers enemies & governs kingdoms; and we so loved our God. that we cursed in

[Chapa 12]

UMA VISÃO MEMORÁVEL

Os Profetas Isaías e Ezequiel jantaram comigo,[16] e perguntei-lhes como ousaram asseverar tão categoricamente que Deus falava com eles; e se não acharam na época que seriam mal interpretados, e dariam ensejo à impostura.

Isaías respondeu: "Não vi nenhum Deus, nem ouvi nada, no sentido finito e orgânico da percepção, mas meus sentidos descobriram o infinito em cada coisa, e como estivesse então persuadido, e depois me tornasse convicto, de que a voz da indignação honesta é a voz de Deus, não me importei com as consequências e escrevi".

Então perguntei: "A firme convicção de que uma coisa é tal, faz com que ela seja?".

Ele respondeu: "Todos os poetas acreditam que sim, e nos tempos da imaginação essa convicção firme removia montanhas,[17] mas muitos não são capazes de uma firme convicção em coisa alguma".

Então Ezequiel disse: "A filosofia do Oriente ensinou os princípios iniciais da percepção humana; algumas nações guardaram um princípio para a origem, e outras, outro. Nós, de Israel, ensinamos que o Gênio Poético (como agora o chamais) era o princípio inicial e os demais meramente derivados, o que era a causa de nosso desprezo pelos Padres e Filósofos de outros países, e profetizamos que se acabaria por provar que todos os Deuses procediam dos nossos e seriam tributários do Gênio Poético. Tanto assim que nosso grande poeta, o Rei Davi, desejava tão fervorosamente e invocava tão pateticamente, significando com isto a conquista de inimi-

his name all the deities of surrounding nations, and asserted that they had rebelled; from these opinions the vulgar came to think that all nations would at last be subject to the jews.

This said he, like all firm perswasions, is come to pass, for all nations believe the jews code and worship the jews god, and what greater subjection can be?

I heard this with some wonder, & must confess my own conviction. After dinner I ask'd Isaiah to favour the world with his lost works; he said none of equal value was lost. Ezekiel said the same of his.

I also asked Isaiah what made him go naked and barefoot three years? he answer'd, the same that made our friend Diogenes the Grecian.

I then asked Ezekiel why he eat dung, & lay so long on his right & left side? he answer'd. the desire of raising other men into a perception of the infinite; this the North American tribes practise, & is he honest who resists his genius or conscience. only for the sake of present ease or gratification?

gos e o governo de reinos; e tanto amávamos nosso Deus, que amaldiçoávamos em seu nome todas as deidades das nações circunvizinhas, e assegurávamos que elas haviam se rebelado; a partir dessas opiniões, o vulgo veio a pensar que todas as nações acabariam se submetendo aos judeus".

"Como todas as convicções inabaláveis", continuou ele, "esta acabou se concretizando, pois todas as nações acatam as leis judaicas e adoram seu deus, não podendo haver maior sujeição que esta."

Ouvi estas palavras com certa estupefação, e devo admitir minha própria convicção. Depois do jantar, pedi a Isaías que obsequiasse o mundo com suas obras desaparecidas; disse-me que nenhuma de igual valor estava perdida. Ezequiel disse o mesmo a respeito das suas.

Também perguntei a Isaías por que andara nu e descalço[18] por três anos. Respondeu-me que fora pela mesma razão que levara nosso amigo Diógenes, o grego.

Perguntei então a Ezequiel por que comera estrume,[19] e permanecera tanto tempo deitado do lado direito e do lado esquerdo. Ele respondeu: "O desejo de despertar nos outros a percepção do infinito. Assim agem as tribos da América do Norte. E seria honesto resistir ao seu gênio ou à sua consciência só por amor de seu bem-estar presente ou da satisfação?".

[Plate 14]

The ancient tradition that the world will be consumed in fire at the end of six thousand years is true, as I have heard from Hell.

For the cherub with his flaming sword is hereby commanded to leave his guard at the tree of life, and when he does, the whole creation will be consumed and appear infinite and holy whereas it now appears finite & corrupt.

This will come to pass by an improvement of sensual enjoyment.

But first the notion that man has a body distinct from his soul is to be expunged; this I shall do, by printing in the infernal method, by corrosives, which in Hell are salutary and medicinal, melting apparent surfaces away, and displaying the infinite which was hid.

If the doors of perception were cleansed every thing would appear to man as it is: infinite.

For man has closed himself up, till he sees all things thro' narrow chinks of his cavern.

[Chapa 14]

A antiga tradição de que o mundo será consumido pelo fogo ao fim de seis mil anos é verdadeira, conforme ouvi no Inferno.

Pois o querubim com sua espada flamejante já foi ordenado a deixar a guarda da árvore da vida, e assim que o fizer, a criação inteira será consumida e tudo o que hoje nos parece finito e corrupto aparecerá como infinito e sagrado.

Isto acontecerá devido a um aprimoramento do prazer sensual.

Mas antes precisa ser expurgada a noção de que o homem possui um corpo distinto de sua alma; isto farei eu, imprimindo pelo método infernal, com corrosivos, que no Inferno são salutares e medicinais, dissolvendo superfícies aparentes e revelando o infinito que estava oculto.

Se as portas da percepção[20] estivessem limpas tudo se mostraria ao homem tal qual é, infinito.

Pois o homem encerrou-se em si mesmo, de modo que vê todas as coisas através das frestas estreitas de sua caverna.

[Plate 15]

    I was in a Printing house in Hell & saw the method in which knowledge is transmitted from generation to generation.

    In the first chamber was a Dragon-Man, clearing away the rubbish from a caves mouth; within, a number of Dragons were hollowing the cave.

    In the second chamber was a Viper folding round the rock & the cave, and others adorning it with gold silver and precious stones.

    In the third chamber was an Eagle with wings and feathers of air, he caused the inside of the cave to be infinite, around were numbers of Eagle like men, who built palaces in the immense cliffs.

    In the fourth chamber were Lions of flaming fire raging around & melting the metals into living fluids.

    In the fifth chamber were Unnam'd forms, which cast the metals into the expanse.

    There they were reciev'd by Men who occupied the sixth chamber, and took the forms of books & were arranged in libraries.

[Chapa 15]

Eu estava numa Tipografia no Inferno e vi o método pelo qual o conhecimento é transmitido de geração a geração.

Na primeira câmara havia um Homem-Dragão, limpando o lixo da boca de uma caverna; dentro dela, vários Dragões estavam perfurando a caverna.

Na segunda câmara havia uma Víbora enroscada na rocha e na caverna, e outras que a adornavam com ouro, prata e pedras preciosas.

Na terceira câmara havia uma Águia com asas e penas de ar, tornando infinito o interior da caverna, e em torno, numerosos homens iguais a Águias construíam palácios nos penhascos imensos.

Na quarta câmara havia Leões flamejantes vociferando em torno e fundindo metais em fluidos vivos.

Na quinta câmara havia formas Inominadas, que lançavam os metais na imensidão.

Eram ali recebidos por Homens que ocupavam a sexta câmara, e que tomavam a forma de livros e eram colocados nas bibliotecas.

[Plate 16]

The Giants who formed this world into its sensual existence and now seem to live in it in chains; are in truth. the causes of its life & the sources of all activity, but the chains are, the cunning of weak and tame minds. which have power to resist energy, according to the proverb, the weak in courage is strong in cunning.

Thus one portion of being, is the Prolific. the other the Devouring: to the devourer it seems as if the producer was in his chains, but it is not so, he only takes portions of existence and fancies that the whole.

But the Prolific would cease to be Prolific unless the Devourer as a sea recieved the excess of his delights.

Some will say, Is not God alone the Prolific? I answer, God only Acts & Is, in existing beings or Men.

These two classes of men are always upon earth, & they should be enemies; whoever tries to reconcile them seeks to destroy existence.

Religion is an endeavour to reconcile the two.

Note. Jesus Christ did not wish to unite but to seperate them, as in the Parable of sheep and goats! & he says I came not to send Peace but a Sword.

Messiah or Satan or Tempter was formerly thought to be one of the Antediluvians who are our Energies.

[Chapa 16]

Os Gigantes que formaram este mundo em sua existência sensorial e agora parecem viver acorrentados[21] são na verdade as causas de sua vida e as fontes de toda atividade, mas as cadeias são a astúcia das mentes fracas e dóceis, que têm o poder de resistir à energia. De acordo com o provérbio, o fraco em coragem é forte em astúcia.

Assim, uma porção do ser é o Prolífico. A outra, o Devorador: ao devorador parece que o produtor está acorrentado, mas não é assim, ele apenas toma porções de existência e imagina que é o todo.

Mas o Prolífico deixaria de ser Prolífico se o Devorador como um mar não absorvesse o excesso de seus prazeres.

Alguns dirão: "Não é Deus o único Prolífico?" Respondo: Deus só Age e É, nos seres viventes ou Homens.

Essas duas classes de homens estão sempre sobre a terra, e deveriam ser inimigas; quem quer que tente reconciliá-los busca destruir a existência.

A Religião é um empenho de reconciliá-los.

Nota: Jesus Cristo não os queria unir, mas separá-los, como na Parábola das ovelhas e das cabras! E ele diz: "Não vim para trazer a Paz mas a Espada".[22]

Messias ou Satanás ou Tentador era antigamente considerado um dos Antediluvianos que são as nossas Energias.

A MEMORABLE FANCY

An Angel came to me and said. O pitiable foolish young man! O horrible! O dreadful state! consider the hot burning dungeon thou art preparing for thyself to all eternity, to which thou art going in such career.

I said. perhaps you will be willing to shew me my eternal lot & we will contemplate together upon it and see whether your lot or mine is most desirable.

So he took me thro' a stable & thro' a church & down into the church vault at the end of which was a mill: thro' the mill we went, and came to a cave. down the winding cavern we groped our tedious way till a void boundless as a nether sky appeard beneath us & we held by the roots of trees and hung over this immensity; but I said, if you please we will commit ourselves to this void, and see whether providence is here also, if you will not, I will? but he answerd: do not presume, O young-man but as we here remain behold thy lot which will soon appear when the darkness passes away.

So I remaind with him, sitting in the twisted root of an oak. he was suspended in a fungus which hung with the head downward into the deep:

By degrees we beheld the infinite Abyss, fiery as the smoke of a burning city; beneath us at an immense distance was the sun, black but shining; round it were fiery tracks on which revolv'd vast spiders, crawling after their prey; which flew, or rather swum, in the infinite deep, in the most terrific shapes of animals sprung from corruption. & the air was full of them, & seemd composed of

UMA VISÃO MEMORÁVEL

Um Anjo[23] veio a mim e disse: "Ó jovem tolo e lamentável! Ó horrível! Ó mísero, pavoroso estado! Considera a masmorra ardente que estás preparando para ti mesmo por toda a eternidade e para a qual te encaminhas às carreiras".

Eu disse: "Se me quiseres mostrar a minha sina eterna, talvez possamos contemplá-la juntos a fim de verificar qual das nossas sinas será a mais desejável".

Então ele me levou por um estábulo e uma igreja e descemos à cripta desta no fim da qual havia um moinho: atravessamos o moinho e chegamos a uma caverna. Descendo pelas espirais da caverna, tateamos o nosso tedioso caminho até um vazio sem limites como se um céu embaixo aparecesse sob nós. Agarramo-nos às raízes das árvores e pairamos sobre esta imensidão, mas eu disse, "se não se importa, vamo-nos entregar a este vazio para ver se a providência aqui também se encontra, se não quiseres, faço-o eu". Mas ele respondeu, "não sejas presunçoso, caro jovem; mas já que aqui estamos, observa a tua sina, que vai aparecer assim que a escuridão se dissipar".

Permaneci então com ele, sentado na raiz retorcida de um carvalho. Ele pendia suspenso de um fungo com a cabeça apontada para as profundezas.

Gradualmente contemplamos o Abismo, abrasador como a fumaça de uma cidade em chamas; abaixo de nós, a uma imensa distância, estava o sol, negro mas brilhante; em redor dele havia trilhas ardentes nas quais se revolviam enormes aranhas, rastejando atrás de suas presas, que voavam ou antes nadavam no abismo infinito, sob as mais terríveis formas de animais nascidos da corrupção. E o ar estava cheio deles, e parecia composto por eles; são

them: these are Devils. and are called Powers of the air, I now asked my companion which was my eternal lot? he said, between the black & white spiders.

But now, from between the black & white spiders, a cloud and fire burst and rolled thro the deep blackning all beneath, so that the nether deep grew black as a sea & rolled with a terrible noise: beneath us was nothing now to be seen but a black tempest, till looking east between the clouds & the waves, we saw a cataract of blood mixed with fire and not many stones throw from us appeard and sunk again the scaly fold of a monstrous serpent. at last, to the east, distant about three degrees appeard a fiery crest above the waves slowly it reared like a ridge of golden rocks, till we discoverd two globes of crimson fire. from which the sea fled away in clouds of smoke, and now we saw, it was the head of Leviathan. his forehead was divided into streaks of green & purple like those on a tygers forehead: soon we saw his mouth & red gills hang just above the raging foam tinging the black deep with beams of blood, advancing toward us with all the fury of a spiritual existence.

My friend the Angel climb'd up from his station into the mill; I remain'd alone, & then this appearance was no more, but I found myself sitting on a pleasant bank beside a river by moon light, hearing a harper who sung to the harp. & his theme was, The man who never alters his opinion is like standing water, & breeds reptiles of the mind.

But I arose, and sought for the mill, & there I found

os Demônios, chamados Forças do ar, e perguntei então ao meu companheiro qual era a minha eterna sina. Ele disse: "Entre as negras e brancas aranhas".

Mas nesse momento, em meio às aranhas negras e brancas, surge uma nuvem que se transforma em chama e rola para o abismo, enegrecendo tudo o que estava embaixo, de tal sorte que esse abismo inferior se tornou negro como um mar e se encrespou com um fragor terrível. Abaixo de nós agora já nada se via a não ser uma negra tempestade, até que olhando para o leste entre as nuvens e as vagas, vimos uma cascata de sangue misturado com fogo e não muito distante dali surgiu e mergulhou de novo o dorso escamado de uma serpente monstruosa. Além desta, a leste, a uma distância de três graus, mostrou-se acima das ondas uma crista de fogo, que lentamente se ergueu como uma cadeia de rochedos de ouro, na qual por fim descobrimos dois glóbulos de fogo carmesim, dos quais o mar se evaporava em nuvens de fumaça, e então percebemos que se tratava da cabeça do Leviatã, cuja fronte, como a dos tigres, estava dividida por listras de verde e púrpura: logo vimos a boca e as guelras vermelhas pendendo sobre a espuma furiosa, que tingia o negro abismo com raias de sangue e avançava para nós com toda a fúria de uma existência espiritual.

O Anjo meu amigo subiu de sua estação para o moinho; permaneci sozinho, e então a aparição já não estava lá e me vi sentado numa aprazível encosta às margens de um rio, ao luar, ouvindo um harpista que cantava ao som de sua harpa, e seu tema era: O homem que nunca muda de opinião é como a água estagnada, e engendra os répteis da mente.

Mas eu me levantei, e fui em busca do moinho, e lá

my Angel, who surprised asked me how I escaped?

I answerd. All that we saw was owing to your metaphysics: for when you ran away, I found myself on a bank by moonlight hearing a harper, But now we have seen my eternal lot, shall I shew you yours? he laughd at my proposal: but I by force suddenly caught him in my arms, & flew westerly thro' the night, till we were elevated above the earth's shadow; then I flung myself with him directly into the body of the sun; here I clothed myself in white, & taking in my hand Swedenborgs volumes sunk from the glorious clime, and passed all the planets till we came to saturn, here I staid to rest & then leap'd into the void, between saturn & the fixed stars.

Here said I! is your lot, in this space, if space it may be calld, Soon we saw the stable and the church, & I took him to the altar and open'd the Bible, and lo! it was a deep pit, into which I descended driving the Angel before me, soon we saw seven houses of brick, one we enterd; in it were a number of monkeys, baboons, & all of that species, chaind by the middle, grinning and snatching at one another, but witheld by the shortness of their chains: however, I saw that they sometimes grew numerous, and then the weak were caught by the strong, and with a grinning aspect, first coupled with, & then devourd, by plucking off first one limb and then another till the body was left a helpless trunk. this after grinning & kissing it with seeming fondness they devour too; and here & there I saw one savourily picking the flesh off of his own tail; as the stench terribly annoyd us both we went into the mill,

encontrei meu Anjo, que surpreso me perguntou como eu tinha escapado.

Respondi: Tudo o que vimos deveu-se à tua metafísica, pois quando fugiste, encontrei-me numa encosta ao luar ouvindo um harpista. Mas agora que vimos minha sina eterna, devo mostrar-te a tua? Ele riu ante a minha proposta; mas eu de repente tomei-o à força entre meus braços, e voamos dentro da noite para o ocidente, até nos elevarmos acima das sombras da terra: então me arremessei com ele diretamente contra o corpo do sol, e ali, vesti-me de branco, e tomando na mão a obra de Swedenborg, desci dessa região gloriosa, e passei por todos os planetas até chegarmos a Saturno, onde parei para repousar e depois saltar no vácuo entre Saturno e as estrelas fixas.

Aqui, eu disse! está a tua sina, neste espaço, se espaço se pode chamar. Logo vimos o estábulo e a igreja, e levei-o ao altar e abri a Bíblia, e vejam! era um poço profundo, por dentro do qual desci, empurrando o Anjo à minha frente, até vermos sete casas de tijolos, numa das quais entramos; no interior havia um grande número de macacos, babuínos, e todos os dessa espécie acorrentados pela cintura, arreganhando os dentes e se agarrando, mas contidos pelas correntes: contudo, vi que às vezes o número deles aumentava, e então os fracos eram agarrados pelos fortes e, entre esgares, primeiro copulavam com eles depois os devoravam, começando por arrancar um membro, depois outro, até fazerem do corpo um tronco inútil, e, ainda entre esgares, depois de beijá-lo com aparente afeto, o devoravam também; e aqui e ali vi algum saborear a carne da própria cauda; e como o fedor nos incomodasse terrivelmente fomos ambos para o moinho, e na mão eu

& I in my hand brought the skeleton of a body, which in the mill was Aristotle's Analytics.

So the Angel said: thy phantasy has imposed upon me, & thou oughtest to be ashamed.

I answerd: we impose on one another, & it is but lost time to converse with you whose works are only Analytics.

        Opposition is true Friendship.

trazia o esqueleto de um corpo que no moinho vimos ser a Analítica de Aristóteles.

Então o Anjo disse: "Tua fantasia me ludibriou e devias sentir-te envergonhado".

Respondi: "Ludibriamo-nos um ao outro, e seria tempo perdido conversar contigo, cujas obras não passam de Analítica".

A Oposição é a verdadeira Amizade.

[Plate 21]

I have always found that Angels have the vanity to speak of themselves as the only wise; this they do with a confident insolence sprouting from systematic reasoning:

Thus Swedenborg boasts that what he writes is new; tho' it is only the Contents or Index of already publish'd books.

A man carried a monkey about for a shew, & because he was a little wiser than the monkey, grew vain, and conciev'd himself as much wiser than seven men. It is so with Swedenborg; he shews the folly of churches & exposes hypocrites, till he imagines that all are religious. & himself the single one on earth that ever broke a net.

Now hear a plain fact: Swedenborg has not written one new truth. Now hear another: he has written all the old falshoods.

And now hear the reason. He conversed with Angels who are all religious, & conversed not with Devils who all hate religion, for he was incapable thro' his conceited notions.

Thus Swedenborgs writings are a recapitulation of all superficial opinions, and an analysis of the more sublime, but no further.

Have now another plain fact: Any man of mechanical talents may from the writings of Paracelsus or Jacob Behmen, produce ten thousand volumes of equal value with Swedenborg's. and from those of Dante or Shakespear, an infinite number.

[Chapa 21]

Sempre achei que os Anjos têm a vaidade de falar sobre si mesmos como se fossem os únicos sábios; o que fazem com a insolente convicção brotada de seu raciocínio sistemático:

Assim Swedenborg se ufana de ser original tudo o que escreveu; embora seja apenas o Sumário ou Índice de livros já publicados.

Um homem levou um macaco para exibi-lo e, porque fosse um pouco mais sabido que o macaco, ficou vaidoso e passou a considerar-se mais sábio do que sete homens juntos. O mesmo se dá com Swedenborg; ele aponta a estupidez das igrejas e expõe os hipócritas, imaginando que todos são religiosos e é ele o único na terra a romper as malhas da rede.

Agora ouçam um simples fato: Swedenborg nunca escreveu uma única verdade nova. Agora ouçam outro: Ele escreveu todas as antigas falsidades.

E agora ouçam a razão: Ele conversava com os Anjos que são todos religiosos, e não com os Demônios, que odeiam a religião, por ser incapaz disso devido às suas noções preconceituosas.

De modo que os escritos de Swedenborg não passam de uma recapitulação de opiniões superficiais e de uma análise das mais sublimes, mas nada além disso.

Ouçam agora outro fato evidente: Qualquer homem de talentos mecânicos, com base nos escritos de Paracelso ou de Jacob Boehme,[24] pode produzir dez mil volumes de igual valor aos de Swedenborg, e com base nos de Dante ou Shakespeare, um número infinitamente maior.

But when he has done this, let him not say that he knows better than his master, for he only holds a candle in sunshine.

A MEMORABLE FANCY

Once I saw a Devil in a flame of fire, who arose before an Angel that sat on a cloud, and the Devil utter'd these words:

'The worship of God is: Honouring his gifts in other men, each according to his genius, and loving the greatest men best: those who envy or calumniate great men hate God; for there is no other God.'

The Angel hearing this became almost blue but mastering himself he grew yellow, & at last white, pink, & smiling, and then replied:

'Thou Idolater, is not God One? & is not he visible in Jesus Christ? and has not Jesus Christ given his sanction to the law of ten commandments, and are not all other men fools, sinners, & nothings?'

The Devil answer'd: 'bray a fool in a morter with wheat, yet shall not his folly be beaten out of him; if Jesus Christ is the greatest man, you ought to love him in the greatest degree; now hear how he has given his sanction to the law of ten commandments: did he not mock at the sabbath, and so mock the sabbaths God? murder those who were murder'd because of him? turn away the law from the woman taken in adultery? steal the labor of others to support him? bear false witness when he omitted making a defence before Pilate? covet when he pray'd for his disciples, and when he bid them shake off the dust of their feet against such as refused to lodge them? I tell you, no virtue can exist without breaking these ten com-

Mas ao fazê-lo, que não pretenda saber mais do que seu mestre, pois apenas segura uma vela à luz do Sol.

UMA VISÃO MEMORÁVEL

Vi uma vez um Demônio numa língua de fogo, que se erguia diante de um Anjo sentado numa nuvem, e o Demônio proferiu estas palavras:

"A adoração de Deus é honrar seus dons em outros homens, de acordo com a natureza de cada um, e amar melhor os maiores, pois os que invejam e caluniam os grandes homens odeiam Deus, pois não existe outro Deus."

O Anjo, ao ouvir isto, ficou quase azul, mas dominando-se, tornou-se amarelo, e por fim rosa claro e sorridente. Replicou então:

"Seu Idólatra, não é Deus Uno? E não está visível em Jesus Cristo? E Jesus Cristo não deu sua sanção à lei dos dez mandamentos e não são todos os outros homens tolos, pecadores, e nulidades?"

O Demônio respondeu: "Mói um tolo[25] com trigo num pilão, e nem assim lhe arrancarás sua tolice. Se Jesus Cristo é o maior dos homens, deves amá-lo no mais alto grau. Escuta agora de que maneira ele deu sua sanção à lei dos dez mandamentos: Não escarneceu do sabá e consequentemente do Deus do sabá? Não matou aqueles que foram mortos por sua causa? Não se desviou da lei em relação à mulher surpreendida em adultério? Não roubou o trabalho alheio para sustentar-se a si mesmo? Não prestou falso testemunho ao recusar defender-se diante de Pilatos? Não cobiçou ao rezar pelos seus discípulos e quando lhes ordenou que sacudissem o pó das sandálias contra os que se recusassem a acolhê-los. Digo-te que virtude alguma pode existir sem a quebra desses dez manda-

mandments. Jesus was all virtue, and acted from impulse, not from rules.'

When he had so spoken, I beheld the Angel, who stretched out his arms, embracing the flame of fire, & he was consumed and arose as Elijah.

Note. This Angel, who is now become a Devil, is my particular friend; we often read the Bible together in its infernal or diabolical sense which the world shall have if they behave well.

I have also The Bible of Hell, which the world shall have whether they will or no.

One Law for the Lion & Ox is Oppression

mentos: Jesus era todo virtudes, agia por impulso, e não segundo as normas".

Assim que acabou de falar, contemplei o Anjo que estendeu suas asas para abraçar a língua de fogo e nela consumir-se, ressurgindo como Elias.

Nota: Esse Anjo, que se converteu em Demônio, é agora meu amigo particular: frequentemente lemos a Bíblia juntos em seu sentido infernal ou diabólico, que o mundo terá se vier a comportar-se bem.

Tenho também A Bíblia do Inferno, que o mundo há de ter, queira ou não.

Uma só Lei para o Leão e o Boi é Opressão.

[Plate 25]

A SONG OF LIBERTY

1. The Eternal Female groan'd! it was heard over all the Earth:
2. Albion's coast is sick silent; the American meadows faint!
3. Shadows of Prophecy shiver along by the lakes and the rivers and mutter across the ocean: France, rend down thy dungeon;
4. Golden Spain, burst the barriers of old Rome;
5. Cast thy keys, O Rome, into the deep down falling, even to eternity down falling,
6. And weep!
7. In her trembling hands she took the new born terror howling;
8. On those infinite mountains of light, now barr'd out by the atlantic sea, the new born fire stood before the starry king!
9. Flag'd with grey brow'd snows and thunderous visages, the jealous wings wav'd over the deep.
10. The speary hand burned aloft, unbuckled was the shield; forth went the hand of jealousy among the flaming hair, and hurl'd the new born wonder thro' the starry night.
11. The fire, the fire, is falling!

[Chapa 25]

UM CÂNTICO DE LIBERDADE[26]

1. A Fêmea Eterna gemeu! E foi ouvida pela Terra inteira.

2. As costas de Álbion guardam um silêncio doentio; os prados Americanos fenecem!

3. Sombras de Profecias tremem ao longo dos lagos e dos rios e murmuram através do oceano: França, destrói tuas masmorras.

4. Dourada Espanha, rompe as barreiras da velha Roma.

5. Atira tuas chaves,[27] Ó Roma, às profundezas do abismo, que caiam por toda a eternidade,

6. E chora!

7. Em suas mãos trêmulas tomou o terror recém-nascido, que gemia.

8. Naquelas infinitas montanhas de luz, agora limitadas pelo oceano atlântico, o fogo recém-nascido ergueu-se diante do rei resplandecente!

9. Desfalecidas com as cinzentas neves dos cimos e os aspectos trovejantes, as asas enciumadas agitaram-se sobre o abismo.

10. A mão com a lança ardeu no alto, desatado foi o escudo, e a mão do ciúme avançou entre os cabelos flamejantes e arremessou o prodígio recém-nascido no seio da noite estrelada.

11. O fogo, o fogo está caindo!

12. Look up! look up! O citizen of London, enlarge thy countenance: O Jew, leave counting gold! return to thy oil and wine. O African! black African! (go, winged thought widen his forehead.)
13. The fiery limbs, the flaming hair, shot like the sinking sun into the western sea.
14. Wak'd from his eternal sleep, the hoary element roaring fled away:
15. Down rush'd, beating his wings in vain, the jealous king; his grey brow'd councellors, thunderous warriors, curl'd veterans, among helms, and shields, and chariots horses, elephants: banners, castles, slings and rocks,
16. Falling, rushing, ruining! buried in the ruins, on Urthona's dens;
17. All night beneath the ruins, then, their sullen flames faded, emerge round the gloomy King.
18. With thunder and fire: leading his starry hosts thro' the waste wilderness, he promulgates his ten commands, glancing his beamy eyelids over the deep in dark dismay,
19. Where the son of fire in his eastern cloud, while the morning plumes her golden breast.
20. Spurning the clouds written with curses, stamps the stony law to dust, loosing the eternal horses from the dens of night, crying:

Empire is no more! and now the lion & wolf shall cease.

12. Olhai! olhai! Ó cidadãos de Londres, alegrai vosso semblante; e tu, judeu, deixa de contar teu ouro! volta para o teu azeite e o teu vinho; Ó africano! negro africano! (vai, alado pensamento, alarga a fronte dele.)

13. Os membros ardentes, os cabelos em chamas, tombam como o sol poente no mar ocidental.

14. Desperto de seu sono eterno, o elemento encanecido[28] foge escarnecendo:

15. Precipitando-se no abismo, batendo suas asas em vão o rei ciumento; seus conselheiros de expressão sombria, guerreiros trovejantes, veteranos encacheados, entre elmos, e escudos, e carruagens, cavalos, elefantes: flâmulas, castelos, fundas e pedras,

16. Caindo, a correr, arrasando! Enterrados nas ruínas, nas cavernas de Urthona.

17. A noite inteira sob as ruínas, e de repente suas súbitas chamas amortecidas despontam em volta do desalentado Rei.

18. Com trovão e fogo: conduzindo suas hostes rutilantes através da vastidão do deserto, promulgou seus dez mandamentos, fitando suas órbitas luminosas sobre o abismo, em sombrio desalento,

19. Onde o filho do fogo em sua nuvem ocidental, enquanto a manhã empluma seu peito dourado.

20. Dispersando as nuvens escritas com maldições, reduz a pó as tábuas da lei, libertando os cavalos eternos das furnas da noite, gritando:

O Império acabou! E agora o leão e o lobo devem parar.

CHORUS

Let the Priests of the Raven of dawn, no longer in deadly black, with hoarse note curse the sons of joy. Nor his accepted brethren, whom, tyrant, he calls free: lay the bound or build the roof. Nor pale religious letchery call that virginity, that wishes but acts not!

For every thing that lives is Holy.

CORO
Que os Sacerdotes do Corvo da aurora, não mais com suas vestes mortais, amaldiçoem com roucas notas os filhos da alegria. Nem seus irmãos aceitos a quem ele, tirano, chama de livres: tracem o limite ou ergam o telhado. Nem a pálida luxúria religiosa chame de virgindade ao que deseja mas não age!

Pois tudo o que vive é Sagrado.

NOTAS

1. *Rintrah*: Designa vagamente a Ira, que pode ser entendida como a que presidiu à expulsão do justo pelo vilão ou a ira revolucionária do próprio poeta.

2. *Honey bees*: Literalmente "abelhas melíferas", que procuramos evitar por ser um preciosismo discrepante da expressão coloquial do poeta. A opção seria "Cantam abelhas no mel", porém ocorreu-nos que "melodiam" sugere ambos os significados de "mel" e de "cantar". Deixamos a critério do leitor.

3. *E um rio, e uma fonte*: Alusão aos milagres: Deus fez uma fonte brotar no deserto (Êxodo 17, 1–7) e cobriu de roupas os ossos ressequidos (Ezequiel 37). O nome Adão significa em hebraico "barro vermelho".

4. *Onde os leões vagueiam*: Os nomes dos profetas Elias, Isaías e Ezequiel, e do próprio Blake podem ser identificados como as vozes da verdade que clamam no deserto.

5. Swedenborg havia anunciado que "O Juízo Final começará em... 1757", coincidentemente a data de nascimento de Blake. O *Casamento* foi escrito entre 1790-1793, quando Blake tinha 33 anos, a idade de Cristo.

6. O anjo e a mortalha que foram deixados para trás com a ressurreição de Cristo.

7. Edom era a terra dos filhos deserdados de Esaú, "homem justo" que perdera seu direito de sucessão para Jacó, o irmão trapaceiro. O patriarca Isaac promete a Esaú um futuro "domínio" em que este "sacudirá o jugo de sua própria cerviz". (Gênesis 27, 40)

8. Os "contrários" são a via do progresso e não a eliminação do mal, como queria Swedenborg. ("O Inferno está aberto para o Céu", escreveu Blake em *Jerusalém*).

9. *Os que reprimem o desejo*: A versão moderna dessa ideia pode ser encontrada na teoria da repressão psíquica de Freud, na qual o superego ("a razão do bem") subjuga o id ("a energia do mal").

10. *O Governante ou Razão*: No *Paraíso perdido*, de Milton, o filho de Deus derrota Satanás e suas hostes, expulsando-os do Céu.

11. O Filho, no livro de Milton, é quem acusa e pune, equivalendo pois ao Satanás do Livro de Jó.

12   *O confortador*: No Livro de João (14, 16), Jesus promete a vinda de um confortador (o Espírito Santo) para inspirar seus discípulos. Aqui a identificação do Confortador com o Desejo é do próprio Blake.

13   *Em liberdade...*: Os críticos admitem que as passagens de Milton referentes ao "celestial" são menos atrativas do que as respeitantes ao "satânico".

14   *Fogos corrosivos*: Nesses livros de estampas coloridas, Blake usou um processo de gravura com água-forte, em que ácidos corrosivos são usados para produzir um desenho.

15   O livro bíblico dos Provérbios endossa a prudência, a sabedoria e a moralidade convencionais, daí serem estes Provérbios do Inferno uma espécie de antiprovérbios.

16   *Jantaram comigo*: Swedenborg relata seus frequentes encontros com os espíritos celestes. Blake faz aqui uma gozação de sua solenidade.

17   *Removia montanhas*: Referência a Mateus 17, 19-20.

18   *Nu e descalço*: Referência a Isaías 20, 1–4.

19   *Comera estrume*: Referência a Ezequiel 4, 10–15.

20   As portas da percepção são os cinco sentidos. Aldous Huxley usou esta expressão como título de um de seus livros em que narra sua experiência com drogas alucinógenas.

21   *Gigantes... acorrentados*: As energias do Homem submetidas à Razão são como os Titãs derrotados pelos olímpicos ou Prometeu acorrentado ao rochedo, como castigo de Zeus por ter trazido o fogo para a humanidade.

22   Cf. Mateus 25, 32-33.

23   *Anjo*: Os anjos representam o "bem" convencional na teologia e na moralidade. Nesta passagem, o Anjo mostra a Blake o "Inferno" segundo seu próprio ponto de vista; em contrapartida, Blake lhe mostra o que ele entende por teologia.

24   Paracelso/Boehme. Teofrasto Paracelso (1493-1541), filósofo e alquimista suíço, autor de numerosas obras de medicina e ciências ocultas. Jacob Boehme (1575-1624), sapateiro alemão, que se tornou conhecido como místico religioso e visionário. Ambos influenciaram Blake.

25   *Mói um tolo...*: Cf. Provérbios 27, 22.

26   O cântico se refere ao advento da Revolução Francesa com a queda da Bastilha (1789), e a hostilidade de outras forças europeias que culminou numa tentativa de invasão da França, rechaçada em 1792.

27 *Chaves*: Emblemas da autoridade papal.
28 *O elemento encanecido*: Refere-se ao mar.

William Blake at Hampstead, John Linnell, c. 1825

APÊNDICE

BLAKE E MACHADO: UMA CURIOSA COINCIDÊNCIA

É QUASE CERTO que o nosso Machado de Assis nunca ouvira falar de William Blake (1757–1827), quando publicou as suas *Phalenas* em 1870. Isso porque a obra de Blake permaneceu desconhecida do público, mesmo em sua Londres natal, por quase meio século depois de sua morte. Alguns de seus poemas foram lidos, em vida do autor, apenas por uns poucos privilegiados que os manusearam em belos manuscritos em folhas soltas, gravados e coloridos pelo próprio Blake: as suas *Illuminated Plates*. Mas somente em 1874, quarenta e sete anos após sua morte, é que saiu a primeira edição impressa de suas *Canções da inocência e da experiência*, de que vamos tratar. Cumpre dizer que já em 1863 esboça-se na Inglaterra o primeiro reconhecimento da obra genial de Blake, tanto a pictórica quanto a poética, quando Alexander Gilchrist publica a *The Life of William Blake* na qual afirma (embora timidamente e atribuindo a opinião a Fuseli e Flaxman, artistas contemporâneos de Blake), que "tempo virá em que as primorosas gravuras de Blake serão tão apreciadas e enaltecidas quanto são hoje as de Michelangelo".[1] No livro, Gilchrist nos revela principalmente o homem Blake, um gênio autodidata, rigorosamente do povo, que nasceu pobre e viveu pobre, sujeito em sua miséria a crises de loucura mansa seguidas de visões, que iriam constituir o *corpus* posterior de sua estranha filosofia mística.

[1] Alexander Gilchrist, *The Life of William Blake*, New York: Dover Publications, 1998.

Além de poeta era gravador, e seu talento foi reconhecido por um grupo de importantes figuras da época, que infelizmente preferiam encomendar-lhe gravuras e ilustrações para livros alheios, às vezes medíocres, temerosos de bancar os próprios escritos do poeta que lhes pareciam demasiado excêntricos. Sua cabeça andava a mil, cheia de sonhos e mitos, e vários testemunhos de pessoas que o conheceram falam dele como de um verdadeiro "profeta vivo"; um visionário que tomava Swedenborg por mestre, mas não um mero nefelibata: tinha os pés no chão e enxergava as injustiças sociais de seu tempo, a escravização das camadas carentes de trabalho que afluíam a Londres com a industrialização dos grandes centros; penalizava-lhe ver os pobres meninos que limpavam chaminés morrendo à míngua como anjinhos sujos de fuligem.

Os primeiros poemas de Blake são letras de canções que ele próprio cantava mas cujas melodias nunca foram escritas e refletem sua visão religiosa (muito pessoal) do mundo, sua mitologia, seus anseios sociais. Mas essa lírica é hoje posta em pé de igualdade com a poesia de Shakespeare, Chaucer e Milton, cujo *Paraíso perdido* Blake costumava ler em companhia da esposa, em trajes de Adão e Eva, embaixo da parreira que havia em seu quintal e que nunca permitiu fosse podada. Via na religião um freio, um elemento de coerção, de inibição da atividade criadora e, se era capaz de entusiasmar-se com as revoluções francesa e americana (que celebrou em poemas), pensava antes e mais incisivamente na libertação do indivíduo por meio da conscientização de seu papel na sociedade e no mundo. Pregou a libertação sexual e era adepto de um lugar mais representativo para a mulher no lar e no trabalho. Seu vocabulário é o que há de

mais simples e segue o modelo da Bíblia (sua leitura predileta) no que respeita à força da imagem e do símbolo. Mas as poesias de Blake, pela sua simplicidade e sua filosofia, pelo seu caráter exdrúxulo, foram permanecendo no limbo, só dele resgatadas já em nosso século, quando W.B. Yeats publica em 1903 seu ensaio *William Blake and the Imagination*, G.L. Keynes em 1925 e 1927 suas edições dos *Writings* em 3 vols. e a *Prose and Poetry*, M. Wilson em 1927 e T. Wright em 1929 as duas respeitáveis biografias do poeta, e em 1947, já nos domínios universitários, Northrop Frye sua *Fearful Simetry: a Study of William Blake*. Igualmente, só no princípio do século o nome de Blake atravessa a Mancha: os primeiros estudos franceses de sua obra (F. Benoit e P. Berger) datam de 1906 e 1907.

Mesmo um leitor de eleição, que dominava línguas estrangeiras, como Gide, só se inteira da obra fundamental de Blake, *O casamento do Céu e do Inferno*, em 1922, quando escreve em seu *Journal*, em 16 de janeiro:

Como um astrônomo que determina a existência de um astro cujos raios ainda não observou diretamente, eu pressentia Blake, mas não me dava conta ainda de que ele pertencesse à mesma constelação de Nietzsche, Browning e Dostoiévski, talvez a estrela brilhante desse grupo – sem dúvida alguma a mais estranha e a mais remota.

O entusiasmo de Gide foi de tal monta que já em junho daquele ano estava revendo as provas de sua tradução da obra. No Brasil, a chegada de Blake certamente ocorreu bem mais tarde, talvez na década de 1940, com algum artigo de Carpeaux, e as primeiras traduções que vão aparecer nos anos 1950.

Nesse contexto, pois, é praticamente impossível que Machado de Assis, não obstante sua familiaridade com poetas da estirpe de Poe, tivesse conhecimento seja mesmo da existência de Blake, para não falarmos do texto

BLAKE E MACHADO: UMA CURIOSA COINCIDÊNCIA

em inglês de seus poemas. No entanto, há na obra de Machado, uma poesia, publicada na edição de *Phalenas* de 1870, que apresenta uma curiosa semelhança com um dos mais belos e sintéticos poemas de Blake. Trata-se de "*The Sick Rose*", constante das *Canções da experiência*, cujo original e uma tradução quase literal damos a seguir, mantendo o ritmo (equivalente ao nosso verso de cinco sílabas), mas sem as rimas dos versos pares existentes em inglês:

Rose, thou art sick!	Ó Rosa, estás doente!
The invisible worm,	O verme invisível
That flies in the night,	Que voa de noite
In the howling storm,	No uivar da tormenta
Has found out thy bed	Achou tua alcova
Of crimson joy	De rútilo gozo:
And his dark secret love	Negro amor oculto
Does thy life destroy.	Te destrói a vida.

O mais curioso é que a poesia de Machado também se estrutura em quadras, só que quatro em vez de duas, com versos setissílabos e rimas de esquema ABAB/ABBA:

> Existe uma flor que encerra
> Celeste orvalho e perfume.
> Plantou-a em fecunda terra
> Mão benéfica de um nume.
>
> Um verme asqueroso e feio
> Gerado em lodo mortal,
> Busca essa flor virginal
> E vai dormir-lhe no seio.

Morde, sangra, rasga e mina,
Suga-lhe a vida e o alento;
A flor o cálix inclina;
As folhas, leva-as o vento.

Depois, nem resta o perfume
Nos ares da solidão...
Esta flor é o coração,
Aquele verme o ciúme.

Os elementos constituintes do poema de Blake e de Machado são os mesmos: o verme (invisível, em Blake; asqueroso, em Machado), que busca/acha a rosa/flor, vai dormir-lhe no leito/seio e a destrói/suga-lhe a vida. A diferença fundamental é que Blake está falando efetiva e sinteticamente da rosa e do verme, enquanto Machado procura nesses elementos os símiles do coração e do ciúme. Embora o tema seja um clichê do arsenal lírico/romântico, não se pode negar que a proximidade seja curiosa.

DOIS POEMAS

The Tyger

Tyger! Tyger! burning bright
In the forests of the night,
What immortal hand or eye
Could frame thy fearful symmetry?

In what distant deeps or skies
Burnt the fire or thine eyes?
On what wings dare he aspire?
What the hand dare seize the fire?

And what shoulder, & what art,
Could twist the sinews of thy heart?
And when thy heart began to beat,
What dread hand? & what dread feet?

What the hammer? what the chain?
In what furnace was thy brain?
What the anvil? What dread grasp
Dare its deadly terrors clasp?

When the stars threw down their spears,
And water'd heaven with their tears,
Did he smile his work to see?
Did he who made the Lamb make thee?

Tyger! Tyger! burning bright
In the forests of the night,
What immortal hand or eye,
Dare frame thy fearful symmetry?

O tigre

Tigre! Tigre! tocha tesa
Na selva da noite acesa,
Que mão de imortal mestria
Traçou tua simetria?

Em que abismos ou que céus
O fogo há dos olhos teus?
Em que asa se inspira a trama
Da mão que te deu tal chama?

Que artes ou forças tamanhas
Entrançaram-te as entranhas?
E ao bater teu coração,
Pés de horror? de horror a mão?

Que malho foi? que limalha?
De teu cérebro a fornalha?
Qual bigorna? que tenazes
No terror mortal que trazes?

Quando os astros dispararam
Seus raios e os céus choraram,
Riu-se ao ver sua obra quem
Fez a ovelha e a ti também?

Tigre! Tigre! tocha tesa
Na selva da noite acesa,
Que mão de imortal mestria
Traçou tua simetria?

To the Evening Star

Thou fair-hair'd angel of the evening,
Now, whilst the sun rests on the mountain, light
Thy bright torch of love; thy radiant crown
Put on, and smile upon our evening bed!
Smile on our loves, and while thou drawest the
Blue curtains of the sky, scatter thy silver dew
On every flower that shuts its sweet eyes
In timely sleep. Let thy west wind sleep on
The lake; speak silence with thy glimmering eyes,
And wash the dusk with silver. Soon, full soon,
Dost thou withdraw; then the wolf rages wide,
And then the lion glares thro' the dun forest:
The fleeces of our flocks are cover'd with
Thy sacred dew: protect them with thine influence!

A estrela Vésper

Louro anjo vespertino, agora enquanto o sol
Repousa na montanha, acende o teu
                     [brilhante
Facho de amor; na fronte, a lúcida coroa
Cinge, e sorri à nossa alcova adormecida.
Sorri ao nosso amor! e enquanto descerrares
O cortinado azul do céu, derrama o argênteo
Orvalho em cada flor, cujos olhos se fecham
Ao sono. Faze o vento adormecer no lago.
Pede silêncio com teus olhos bruxuleantes
E lava a escuridão com tua prata. Em breve,
Em breve partirás: feroz já uiva o lobo
No descampado e ronda o leão na mata
                          [escura.
O velo do rebanho está coberto com
Teu santo rorejar: que tua influência o
                          [ampare!

CRONOLOGIA

1757 Nasce William Blake aos 28 de novembro na Broad Street, nº 28, filho de James Blake, negociante de malhas, e de sua mulher, Catherine Blake.

1765–67 Tem sua primeira visão: uma árvore povoada de anjos em Peckham Rye. O pai o acusa de mentiroso, mas a mãe intercede em seu favor.

1767–68 Começa a frequentar a escola de desenho de Henry Parr.

1772 Aprendiz do gravurista James Basire.

1774 Por ter se indisposto com outros aprendizes, é enviado para executar desenhos a mando de Basire na Abadia de Westminster.

1774–76 Tem início o conflito nas colônias americanas, que culmina com a Declaração de Independência dos Estados Unidos.

1779 Termina seu aprendizado. Admitido como estudante na Royal Academy. Faz-se amigo de seus colegas George Cumberland, John Flaxman e Thomas Stothard.

1780 Participa de exposições na Royal Academy. Testemunha os distúrbios de Gordon No-Popery e da queima da prisão de Newgate. Executa gravuras para o livreiro Joseph Johnson.

1782 Casa-se com Catherine Boucher.

1783 Seu amigo Flaxman e o Ven. A. S. Mathew imprimem seu primeiro livro de poemas, *Poetical Sketches*, em edição restrita.

1784 Morte do pai. Associa-se a James Parker numa tipografia (Broad St., 27).

1787 Morre o irmão mais novo, Robert, cujo espírito Blake vê erguer-se através do teto "batendo palmas de alegria". Amizade com o pintor Henry Fuseli.

1788 Imprime seus livros *All Religions are One* (Todas as religiões são a mesma) e *There is No Natural Religion* (A Religião Natural não existe).

1789 Compõe *Tiriel*. Grava *The Book of Thel* e *Songs of Innocence*. Irrompe a Revolução Francesa.

1790 Começa a trabalhar n'*O casamento do Céu e do Inferno*.

1791 As provas de seu livro *French Revolution* (A Revolução francesa) são impressas, comissionadas por Joseph Johnson. Começa a fazer gravuras para um livro antiescravagista de John Stedman. Provável início de *Visions of the Daughters of Albion* (As Visões das Filhas de Álbion).

1792-3 Morte da mãe. Invasão da França paralisada em Valmy. Escreve *A Song of Liberty* (Um Canto de Liberdade), que seria depois incorporado ao *Casamento*.

CRONOLOGIA

1793 Execução de Luís XVI. A Inglaterra declara guerra à França. Grava *America* e *Visions*.

1794 Saem as *Canções da inocência e da experiência* num só volume. Grava *Europe* e *The First Book of Urizen*.

1796-7 Grava os *Night Thoughts* (Pensamentos noturnos), de Young, obra que não foi bem recebida.

1797 Ilustrações e dedicatória em versos para os poemas de Gray.

1800 Atendendo a recomendação de Flaxman, William Hayley encomenda gravuras a Blake. Thomas Butts torna-se seu amigo e patrão. O casal Blake muda-se para o chalé de Hayley em Felpham, Sussex.

1802 A Paz de Amiens estabelece temporariamente uma trégua entre a Inglaterra e a França.

1803 Reinício da guerra contra a França (10 de maio). Em 12 de agosto, Blake expulsa de seu jardim um soldado inglês de nome Scholfield e é acusado de sedição. Regressa a Londres.

1804 Julgamento por sedição (10 de janeiro). Blake é absolvido. Completa *Milton* e inicia *Jerusalem*.

1805 O editor Robert Cromek encomenda a Blake desenhos para o *Grave*, de Blair, mas retira a encomenda e entrega o trabalho a Schiavonetti.

1809 A exposição de suas pinturas, acompanhadas de um Catálogo Descritivo, resulta em fracasso. Um

jornal o chama de "lunático infeliz". Anos de crescente obscuridade se seguem, embora Flaxman e Butts continuem a ampará-lo.

1814 Grava desenhos de Flaxman para o *Hesiod*. Napoleão é derrotado e segue para o exílio em Elba.

1815 Fim das guerras napoleônicas. Blake grava desenhos para as porcelanas Wedgwood.

1818 George Cumberland apresenta-lhe o jovem artista John Linnell e o grupo denominado "Os Antigos", que se tornarão admiradores e patrocinadores dos últimos anos de Blake.

1824 Amizade com Samuel Palmer. Linnell encomenda-lhe desenhos para a obra de Dante.

1825 O jornalista Henry Crabb Robinson visita Blake e registra sua conversação.

1827 Blake escreve a Cumberland a 12 de abril: "Estive muito próximo das Portas da Morte & retornei muito fraco & um Velho débil e cambaleante, mas não em Espírito & Vida, não no Homem Verdadeiro cuja Imaginação vive para sempre". Falece a 12 de agosto.

COLEÇÃO DE BOLSO HEDRA

1. *Iracema*, Alencar
2. *Don Juan*, Molière
3. *Contos indianos*, Mallarmé
4. *Auto da barca do Inferno*, Gil Vicente
5. *Poemas completos de Alberto Caeiro*, Pessoa
6. *Triunfos*, Petrarca
7. *A cidade e as serras*, Eça
8. *O retrato de Dorian Gray*, Wilde
9. *A história trágica do Doutor Fausto*, Marlowe
10. *Os sofrimentos do jovem Werther*, Goethe
11. *Dos novos sistemas na arte*, Maliévitch
12. *Mensagem*, Pessoa
13. *Metamorfoses*, Ovídio
14. *Micromegas e outros contos*, Voltaire
15. *O sobrinho de Rameau*, Diderot
16. *Carta sobre a tolerância*, Locke
17. *Discursos ímpios*, Sade
18. *O príncipe*, Maquiavel
19. *Dao De Jing*, Laozi
20. *O fim do ciúme e outros contos*, Proust
21. *Pequenos poemas em prosa*, Baudelaire
22. *Fé e saber*, Hegel
23. *Joana d'Arc*, Michelet
24. *Livro dos mandamentos: 248 preceitos positivos*, Maimônides
25. *O indivíduo, a sociedade e o Estado, e outros ensaios*, Emma Goldman
26. *Eu acuso!*, Zola — *O processo do capitão Dreyfus*, Rui Barbosa
27. *Apologia de Galileu*, Campanella
28. *Sobre verdade e mentira*, Nietzsche
29. *O princípio anarquista e outros ensaios*, Kropotkin
30. *Os sovietes traídos pelos bolcheviques*, Rocker
31. *Poemas*, Byron
32. *Sonetos*, Shakespeare
33. *A vida é sonho*, Calderón
34. *Escritos revolucionários*, Malatesta
35. *Sagas*, Strindberg
36. *O mundo ou tratado da luz*, Descartes
37. *O Ateneu*, Raul Pompeia
38. *Fábula de Polifemo e Galateia e outros poemas*, Góngora
39. *A vênus das peles*, Sacher-Masoch
40. *Escritos sobre arte*, Baudelaire
41. *Cântico dos cânticos*, [Salomão]
42. *Americanismo e fordismo*, Gramsci
43. *O princípio do Estado e outros ensaios*, Bakunin
44. *O gato preto e outros contos*, Poe
45. *História da província Santa Cruz*, Gandavo
46. *Balada dos enforcados e outros poemas*, Villon
47. *Sátiras, fábulas, aforismos e profecias*, Da Vinci
48. *O cego e outros contos*, D.H. Lawrence

49. *Rashômon e outros contos*, Akutagawa
50. *História da anarquia (vol. 1)*, Max Nettlau
51. *Imitação de Cristo*, Tomás de Kempis
52. *O casamento do Céu e do Inferno*, Blake
53. *Cartas a favor da escravidão*, Alencar
54. *Utopia Brasil*, Darcy Ribeiro
55. *Flossie, a Vênus de quinze anos*, [Swinburne]
56. *Teleny, ou o reverso da medalha*, [Wilde et al.]
57. *A filosofia na era trágica dos gregos*, Nietzsche
58. *No coração das trevas*, Conrad
59. *Viagem sentimental*, Sterne
60. *Arcana Cœlestia e Apocalipsis revelata*, Swedenborg
61. *Saga dos Volsungos*, Anônimo do séc. XIII
62. *Um anarquista e outros contos*, Conrad
63. *A monadologia e outros textos*, Leibniz
64. *Cultura estética e liberdade*, Schiller
65. *A pele do lobo e outras peças*, Artur Azevedo
66. *Poesia basca: das origens à Guerra Civil*
67. *Poesia catalã: das origens à Guerra Civil*
68. *Poesia espanhola: das origens à Guerra Civil*
69. *Poesia galega: das origens à Guerra Civil*
70. *O chamado de Cthulhu e outros contos*, H.P. Lovecraft
71. *O pequeno Začarias, chamado Cinábrio*, E.T.A. Hoffmann
72. *Tratados da terra e gente do Brasil*, Fernão Cardim
73. *Entre camponeses*, Malatesta
74. *O Rabi de Bacherach*, Heine
75. *Bom Crioulo*, Adolfo Caminha
76. *Um gato indiscreto e outros contos*, Saki
77. *Viagem em volta do meu quarto*, Xavier de Maistre
78. *Hawthorne e seus musgos*, Melville
79. *A metamorfose*, Kafka
80. *Ode ao Vento Oeste e outros poemas*, Shelley
81. *Oração aos moços*, Rui Barbosa
82. *Feitiço de amor e outros contos*, Ludwig Tieck
83. *O corno de si próprio e outros contos*, Sade
84. *Investigação sobre o entendimento humano*, Hume
85. *Sobre os sonhos e outros diálogos*, Borges — Osvaldo Ferrari
86. *Sobre a filosofia e outros diálogos*, Borges — Osvaldo Ferrari
87. *Sobre a amizade e outros diálogos*, Borges — Osvaldo Ferrari
88. *A voz dos botequins e outros poemas*, Verlaine
89. *Gente de Hemsö*, Strindberg
90. *Senhorita Júlia e outras peças*, Strindberg
91. *Correspondência*, Goethe — Schiller
92. *Índice das coisas mais notáveis*, Vieira
93. *Tratado descritivo do Brasil em 1587*, Gabriel Soares de Sousa
94. *Poemas da cabana montanhesa*, Saigyō
95. *Autobiografia de uma pulga*, [Stanislas de Rhodes]
96. *A volta do parafuso*, Henry James
97. *Ode sobre a melancolia e outros poemas*, Keats
98. *Teatro de êxtase*, Pessoa
99. *Carmilla — A vampira de Karnstein*, Sheridan Le Fanu

100. *Pensamento político de Maquiavel*, Fichte
101. *Inferno*, Strindberg
102. *Contos clássicos de vampiro*, Byron, Stoker e outros
103. *O primeiro Hamlet*, Shakespeare
104. *Noites egípcias e outros contos*, Púchkin
105. *A carteira de meu tio*, Macedo
106. *O desertor*, Silva Alvarenga
107. *Jerusalém*, Blake
108. *As bacantes*, Eurípides
109. *Emília Galotti*, Lessing
110. *Contos húngaros*, Kosztolányi, Karinthy, Csáth e Krúdy
111. *A sombra de Innsmouth*, H.P. Lovecraft
112. *Viagem aos Estados Unidos*, Tocqueville
113. *Émile e Sophie ou os solitários*, Rousseau
114. *Manifesto comunista*, Marx e Engels
115. *A fábrica de robôs*, Karel Tchápek
116. *Sobre a filosofia e seu método — Parerga e paralipomena (v. II, t. 1)*, Schopenhauer
117. *O novo Epicuro: as delícias do sexo*, Edward Sellon
118. *Revolução e liberdade: cartas de 1845 a 1875*, Bakunin
119. *Sobre a liberdade*, Mill
120. *A velha Izerguil e outros contos*, Górki
121. *Pequeno-burgueses*, Górki
122. *Um sussurro nas trevas*, H.P. Lovecraft
123. *Primeiro livro dos Amores*, Ovídio
124. *Educação e sociologia*, Durkheim
125. *Elixir do pajé — poemas de humor, sátira e escatologia*, Bernardo Guimarães
126. *A nostálgica e outros contos*, Papadiamántis
127. *Lisístrata*, Aristófanes
128. *A cruzada das crianças/ Vidas imaginárias*, Marcel Schwob
129. *O livro de Monelle*, Marcel Schwob
130. *A última folha e outros contos*, O. Henry
131. *Romanceiro cigano*, Lorca
132. *Sobre o riso e a loucura*, [Hipócrates]
133. *Hino a Afrodite e outros poemas*, Safo de Lesbos
134. *Anarquia pela educação*, Élisée Reclus
135. *Ernestine ou o nascimento do amor*, Stendhal
136. *A cor que caiu do espaço*, H.P. Lovecraft
137. *Odisseia*, Homero

Edição _	Bruno Costa
Coedição _	Iuri Pereira e Jorge Sallum
Capa e projeto gráfico _	Júlio Dui e Renan Costa Lima
Programação em LaTeX _	Marcelo Freitas
Assistência editorial _	Bruno Oliveira
Colofão _	Adverte-se aos curiosos que se imprimiu esta obra em nossas oficinas em 4 de novembro de 2011, em papel off-set 90 g/m², composta em tipologia Minion Pro, em GNU/Linux (Gentoo, Sabayon e Ubuntu), com os softwares livres LaTeX, DeTeX, VIM, Evince, Pdftk, Aspell, SVN e TRAC.